gravity

Gravity — 3

Lukas Hörnig wurde 1992 in Lohr am Main geboren. Er studierte Literaturwissenschaften, Germanistik, Philosophie und Psychologie in Würzburg und Marburg. Derzeit promoviert er an der Graduiertenschule für Geisteswissenschaften in Würzburg, arbeitet als Assistenzkraft in einem Wohnheim für Menschen mit Psychose- und Suchtdiagnose und beginnt nach seinem Masterabschluss in Psychologie ab April 2025 mit seiner Ausbildung zum Psychotherapeuten in Wiesbaden.

Lukas Hörnig

Lichtungen im Niemandsland

Gedichte

Mit Photographien von Lukas Hörnig

Königshausen & Neumann

Die Deutsche Nationalbibliothek verzeichnet diese Publikation in der Deutschen Nationalbibliografie; detaillierte bibliografische Daten sind im Internet über http://dnb.d-nb.de abrufbar.

Erste Auflage 2025
© Verlag Königshausen & Neumann Würzburg 2025
Leistenstraße 7, D-97082 Würzburg
info@koenigshausen-neumann.de
Alle Rechte vorbehalten, insbesondere das der Übersetzung,
des öffentlichen Vortrags sowie der Übertragung
durch Rundfunk und Fernsehen, auch einzelne Teile.
Kein Teil darf in irgendeiner Form
(durch Fotografie, Mikrofilm oder andere Verfahren)
ohne schriftliche Genehmigung des Verlages
reproduziert oder unter Verwendung elektronischer Systeme
verarbeitet, vervielfältigt oder verbreitet werden.
Umschlaggestaltung: Markus Heinlein
Druck: Sowa Sp. z o.o., Piaseczno, Polen
Printed in the EU
ISBN 978-3-8260-8858-2

Lichtungen im Niemandsland

1. Teil	Obdachlose Spiele	15
2. Teil	Größere Auswege	47
3. Teil	Kleinere Auswege	65
4. Teil	Spielgrenzen	101
5. Teil	Resümee	117

Wenn Du vor mir stehst und mich ansiehst, was weißt Du von den Schmerzen, die in mir sind, und was weiß ich von den Deinen. Und wenn ich mich vor Dir niederwerfen würde und weinen und erzählen, was wüsstest Du von mir mehr als von der Hölle, wenn Dir jemand erzählt, sie ist heiß und fürchterlich. Schon darum sollten wir Menschen voreinander so ehrfürchtig, so nachdenklich, so liebend stehn wie vor dem Eingang zur Hölle.

Franz Kafka

Schreiben

I.

Schreiben heißt, sich zu erinnern,
Dass man mehr ist, als der Alltag braucht,
Einem Werkzeug seinen Traum erfüllen,
Einmal Instrument zu sein.

Schreiben heißt, die Worte abzuschmecken,
Bis man ihre Wirklichkeit verdaut,
Bedrohte Redensarten sammeln
Wie Farben für den Winter.
Und Schreiben heißt, zerzausten Sätzen
Übers Fell zu streicheln,
Bis es wieder seidig glänzt.

Schreiben heißt, sich zu verlieben
In einen
Schönheitsfehler,
Rede-
wendungen so lange
umzublättern,
Bis sie ihre eigenen Geschichten schreiben.

Im Schreiben
Muss man auf der Flucht
Vor ernstem Spielzeug
Immer einen Hakenschlag
Verspielter als die Sprache sein.

Schreiben heißt, auf Wolken einzustechen,
Weil sie nicht aus Watte sind,
Heißt in der Hölle Flocken fangen,
Während man kopfüber in den Himmel fällt
Und auf der Leiter tiefer Missverständnisse
Nach Sternen pflücken.

Schreiben heißt, in sich hineinzuschreien,
Bis in den Gedanken Ruhe einkehrt.
Schreiben heißt, dass jede Wunde
Sich das Recht zu bluten nimmt.
Im Schreiben liegt man wie Fakire
Unversehrt in Scherben.

II.
Im Schreiben komme ich nach Hause,
Streife meine Sprache ab,
Spüre meine Spuren,
Ziehe meine Nacktheit aus,
Um in meine erste Haut zu schlüpfen.

Im Schreiben fand ich Zuflucht:
Um meinem Körper zu entkommen,
Floh ich in Gedanken.
Weil niemand mit mir reden wollte,
Musste ich mit Worten sprechen.
Vor Scham für meine Stimme
Schrie ich ins Papier.
Schreiben wurde meine Muttersprache,
Mein Gebet zur Nachwelt.

III.
Nicht mehr schreiben,
Hieße mich verstümmeln.
Nicht mehr schreiben,
Hieße meiner Lebensangst
Die Melodie zum Atmen nehmen,

Nicht mehr schreiben, hieße eingestehen,
Dass ich in meinen zärtlichsten Momenten
Niemanden berührte;
Dass ich in einem toten Element geboren bin
Und mit den Stümpfen meiner Flügel
Endlich Schwimmen lernen muss.

1. Teil | Obdachlose Spiele

Die Gaben leerer Hände

Ich habe meinem Leben nie vertraut.
Mein Körper hat mich früh verraten,
Mich früh gelehrt,
Mich auf keinen Rhythmus zu verlassen,
Nicht einmal auf meinen Atem.

Ich wurde dankbar.
Dankbar,
Dass es nach einer schweren Nacht
Noch einmal Tag wird.

Ich habe Menschen nie vertraut.
Zu früh hat man mich ausgespuckt.
Man hat mein Spiegelbild so oft zerbrochen,
Dass es sich in keiner Oberfläche
Ohne Riss entfalten kann.

In der Schule der Erniedrigungen habe ich gelernt,
In Spucke warm zu duschen,
Mich wie zur Tarnung
Innerlich im Dreck zu wälzen,
Um auch für verinnerlichte Feinde
Unsichtbar zu sein.

Gelernt, wie zärtlich die Natur sein kann,
Weil mich dort niemand ansieht.
Und wie beschämend glücklich man sich fühlt,
Wenn man im Gespräch
Mit einem anderen verloren geht.

Ich habe meinem Leben nie vertraut
Und es nie gehasst.
Denn es hat mir nichts geschenkt;

Nichts,
Bis auf die Gabe,
Mit leeren Händen dazustehen.

Spiegel

Eines Tages habe ich gelernt,
Mich im Spiegel zu betrachten.
Seitdem stellt sich
Die Entstellung ein,
Wenn mich niemand ansieht.

Seitdem sehe ich
Mir dabei zu,
Dass ich Berührung
Wie Ballast abwerfe,
Damit mir das Bewusstsein
In den Kopf steigt.

Ich wurde zum Narzissten,
Einer, der die Gegenwart
Im Paradiesvertreibungsmemory verspielt,
In allen Spiegeln dieser Welt
Nach seinen Augen sucht.

Wenn Blicke heilen könnten,
Hätte ich kein einziges Gesicht.

Sieh mich einmal an!

Sieh mich einmal wirklich an!
Nimm dem Schmerz das Lächeln ab!
Nimm es ab wie einen Spiegel!
Nimm die Bilder von den Wänden!
Hänge alles voller Fenster!
Denn ich möchte wieder sehen.

Sieh mich einmal an!
Sieh mich einmal wirklich an!
Nimm dem Schmerz die Tränen ab!
Nimm sie ab wie Schmuck!
Und lass in mir den Vorhang fallen!
Denn ich will nicht mehr
Vor leeren Rängen spielen müssen.

Sieh mich einmal an!
Sieh mich einmal wirklich an!
Blase meine Worte
Wie Geburtstagskerzen aus!
Ich wünsche mir
Das Recht, zu schweigen.

Sieh mich nicht mehr an!
Sieh mich endlich nicht mehr an!
Sei der Blick in meinen Augen!
Lüfte den Palast aus Staub!

Du wirst die Letzte sein,
Die mich betritt.

Seit ich fühle …

Seit ich fühle,
Fühle ich an allen anderen vorbei.

Seit ich fühle,
Fühle ich zu viel,
Erwarte ich den Schlag,
Der die verwischten Blutergüsse
Meiner Kindheit stempelt.

Seit ich fühle,
Fühle ich im Kreis
Aus Blicken,
Die ich auf mich ziehe,
Um bei ihnen einzuziehen.

Wenn sich die Welt
Zur Krise schmückt,
Wird mir immer feierlich zumute:
Vielleicht ist heute mein Geburtstag.

Ich brauche keinen,
Der mein Fühlen portioniert.
Ich brauche eine Welt,
Die meinen Appetit verdauen kann.
Ich brauche Menschen,
Die ohne Regenschirm
In meinen Tränen stehen;

Denn ich wohne in den Wolken.

Niemals habe ich mit andern schrittgefühlt.
Ich glaube nicht an andere.

Zu klein geboren

Mit älteren Geschwistern bin ich großgeworden.
Ich rannte an der Zeit vorbei,
Um ihre Jahre einzuholen.
Ich alterte voraus,
Bis ich zurückfiel.

Ohne Schönheit bin ich großgeworden.
Ich verbarg mich hinter Spiegeln,
Bis ich zum Außenseiter
Meines Innenlebens wurde
Und mich niemand mehr berührte.

Mit Erniedrigungen bin ich großgeworden.
Ich habe alle Klassen übersprungen,
Bis meine Welt zur Schule wurde.
Ich war immer auf der Flucht
Vor meinem Stand
Und konnte nicht mehr stehen bleiben.

Ich bin zu klein geboren,
Um nicht zu groß zu werden.

Doch nur auf Augenhöhe
Ist man schwindelfrei.

Das Leben ein Traum

Morgens, wenn es hell wird,
Bringt das Fernweh nach dem Tag
Den Feierabendlärm nach Hause.
Wie Karten mischt der Nachtverkehr
Die Fenster meiner Zelle neu.
Manchmal lasse ich auch Träume zu,
Vertreibe mir das Warten auf den Tod
Mit Nichtgeburtstagsliedern.

Und jetzt kommst du mit schönen Lügen.
Und ich will dir glauben.
Und du nimmst mir meine Ketten ab.
Und ich verliere jeden Halt.

Und jetzt kommst du
Aus dem Wunderland der Wirklichkeit
Und du berührst mich
Hinter meinen Spiegeln.

Doch ich ziehe mich zurück.
Denn ich fürchte mich davor,
Mit der Hand im Mund
Aus Hungerträumen
Aufzuwachen,
Ich fürchte mich davor,
Dein Eintagsgott zu sein.

Seit du mich angesehen hast,
Ist meine Zelle
Ein Kaninchenbau
Aus Teufelskreisen.

Ich passe nicht mehr
Durch die kleinen Türen
Meines Glücks,
Ertrinke in den Tränen
Meines Größenunterschieds.

Sich verlieben

Unwillkürlich
Wirfst du Köder aus.
Immer wieder
Strafft und lockert sich
Dein Griff
In leeren Händen.

Eines Tages,
Wenn du aufhörst,
Anzufangen,
Geht ein Ruck
Durch deine Leine.

Während du sie einholst,
Wird dir klar,
Dass du
An deinem eignen
Haken hängst.

Trennung

Lange steckte ich
Mit deinen Träumen
Unter einer Decke,

Das zweite Kissen
War noch lange warm
Von deinem Schlaf.

Ich habe es nicht aufgeschüttelt,
Um deinen Duft
Nicht freizusetzen.

Die Nacht
Entrollte meine Brüchigkeit
Wie Mürbeteig.

Heute habe ich Erinnerungen hochgekrempelt,
Ich habe Staub gewischt,
Die zweite Decke,
Reisebilder, Schlüssel, Zukunftspläne, …
Das ganze Zubehör der Zweisamkeit
Zurückgegeben,

Damit du in mir nicht mehr
Ein- und ausgehst,
Wie einer,
Der noch keine Wohnung hat.

Vor Ungeduld
Verrenne ich mich
Auf dem Schleichweg
Der Bescheidenheit

Und überreiche mir
Mein Leben
Teilnahmslos
Wie einen Trostpreis.

Kippfigur

Gestern
War ich
Auch nicht besser,
Als ich bin.

Du sahst mich nur
Mit zärtlicheren Augen an.
Ich war die Folie
Der vollkommenen Figur.

Heute
Ist dein Bild
Von mir gekippt.

Ich habe aufgehört, zu sprechen.
Denn jeder Grund
Aus meinem Mund
Hebt sich vom Schatten
Meines Falschseins ab.

Nimm mich nicht
Auseinander,
Um dich zu verstehen!

Es ist dein Blick,
Der die verliebte Perspektive
Nicht mehr findet.

Stell mich,
Wenn du gehst,
Nicht in den Schein des Abschieds!

Denn Dämmerungen
Machen dich verliebt.

Seit Jahren
Bin ich deine Kippfigur
Und heute will ich mein Gesicht zurück.

Sich selbst gehören

Du gibst mir Küsse
Und Versprechen,

Malst deine Lippen
Und die Zukunft an.

Ich bin zu ruhelos
Für deinen Sockel,

Zu wach,
Um mit dir Glück zu spielen.

Ich stand so lange vor versperrten Türen,
Dass ich mich nur im Nachtwind
Atmen fühle.

Ich habe kein Talent zum Bleiben.

Ich gehe,
Gehe in den Herbst,
Den Regen,

Reibe mit dem Dreck des Daseins
Deinen Duft
Aus meiner Haut,

Beiße mir die Lippen blutig,
Um mich selbst zu schmecken,

Balle mich wie eine Faust
Um mein Alleinsein,
Das wie um sein Leben
Mit den Flügeln schlägt.

Freunde

Freunde brechen
Nicht
Mit Scherben.

Freunde
Strecken
Ihren Nachgeschmack,
Bis er so dünn wird,
Dass er reißt.

Freunde gehen
Nicht mit ihrem Körper fremd.
Sie betrügen sich
Mit Möglichkeiten.

Freunde laufen
Deinem Standpunkt nach,
Um keinen Schritt
Auf ihren Schatten zuzugehen.

Freunde wenden sich
Nicht um,
Sie blättern
Ab.

Freunde krönen
Die Verbeugung
Vor der Augenhöhe.
Doch ihre flachen Wurzeln
Wachsen über sich hinaus.

Freunde trägt man
Wie ein Zelt im Rucksack,
Um in ruhelosen Jahren
Überall zu wohnen,
Bis man nur noch ausgeht,
Um zu lüften.

Freunde schneiden
Deinem Spiegelbild Grimassen,
Wenn die Maske
Zum Gesicht wird.

Mit einem Freund
Verwickelt sich
Das Selbstgespräch.

Ein Freund
Ist die Entfremdung,
Der du nicht begegnen willst.

Freunde sind
Die letzten Exemplare
Bedrohter Arten,
Du zu sein.

Straßen

In gehe durch die Straßen voller Lachen.
Doch meine Lippen sind gerissen.
Ich schwinge nicht
In diesen Straßen voller Lachen.

Ich gehe durch die Straßen voller Worte.
Doch meine Stimme ist wie Asche,
In der man seine Freude ausdrückt,
In diesen Straßen voller Worte.

Ich gehe durch die Straßen voller Menschen.
Doch ich habe kein Kostüm
Für den Feierabendumzug,
In diesen Straßen voller Menschen.

Ich gehe durch die Straßen aus Geräuschen
Und plötzlich streichelt mich
Das Winseln einer andren Welt.
Wir tauschen einen obdachlosen Kuss,
Die Melodie und ich.

Ich gehe durch die Straßen voller Tauben
Und plötzlich hat das Elend Flügel,
Gleitet über sich hinweg.
Ich feuchte meinen Blick mit Wolken an
Und trockne meine Einsamkeit.

Nachts im Bahnhofsviertel

Allein
Bei Nacht
Im Bahnhofsviertel.

Mein Schatten schläft
Im Spiegelkabinett
Des Zwielichts
Mit fremden Proportionen.

Die Welt ist schwarz auf weiß,
Als drehten Depressionen
Ihren Film noir
Mit meinen Augen.

Unter den Laternen
Stehen sich die Farben
Auf den Zehenspitzen.

Eine Frau im rechten Winkel
Sammelt Abfall
Mit dem Staunen kleiner Kinder.

In einer Unterführung
Deckt sich ein Mann
Mit Taubenflügelrauschen zu.
Er weint,
Als tauten seine Träume
Über dem Geprassel
Fernen Regens.

Eine Frau
Schreit sich für fünfzig Cent
Die Stimmen aus dem Leib.

Jemand schlägt auf die Piñata
Eines Zugedröhnten ein,
Als fiele, wenn er aufplatzt,
Glück heraus.

Unter einer Brücke
Zünden Obdachlose
Nichtgeburtstagskerzen an.

In Fenstern
Laufen Sitcoms
Wie aus Lachkonserven.

Und über allem
Bauen Wolken wie Kulissenschieber
Unbemerkt den Himmel um.

Mein Blick setzt sich
Ins Publikum der Sterne
Und wartet
Auf den ersten Akt der Wirklichkeit.

Ein Mann aus unserer Straße

Eines Tages ist er aufgetaucht.
Eines Tages wird er einfach fort sein.

Irgendetwas treibt ihn;
Denn er bewegt sich ja,
Ist immer unterwegs.

Niemand kennt ihn.
Niemand spricht mit ihm.
So lästert
Er mit seinen Stimmen.

Sonntags fühlt er sich verfolgt,
Um weniger allein zu sein.

Er wäscht sich nicht,
Er lebt im toten Winkel
Unsrer Augen.

Wenn es regnet,
Kann er mit gesenktem Blick
Den Himmel sehen.

Wenn die Wirklichkeit nicht abfließt,
Reinigt er die Hirnchemie
Mit Nervengift.

Wie eine Katze schläft er,
Wo es warm ist.

Einmal war er fort.
Dann saß er wieder da.

Wie lange lebt er schon,
Seit er sich weggeworfen hat?

Wie lange spielt das Leben
Noch mit diesem Wirt?

Heroin

Ich vergreife mich
Nicht in den Sternen,
Ich spritze mir
Den Himmel
Ins Gehirn.

Ich setze alle Hebel
Der Genussmaschine
In Bewegung,
Um mich stillzulegen.

Ich spiele russisches Roulette
Im Stundentakt,
Bis der Einsatz
Den Gewinn
Um jeden Preis
Verliert.

Ich habe keinen Schlüssel
Zu mir selbst.
So breche ich mit Nadeln
In den öffentlichen Raum
Des Körpers ein.

Ich gehe auf dem Strich
Durch jede Rechnung,
Dosiere meine Überreste
Für die Auferstehung
Meines ersten Mals mit Gott.

Schizophrenie

Erwarte nicht das Andere!
Sie sind gewöhnlicher als wir.

Einer träumt von Coca-Cola
Wie von einem Original.
Er geht auf einen Flohmarkt,
Um sich reich zu fühlen.

Ein andrer meldet ein Patent
Auf fremde Unternehmen an,
Um seine Insolvenz
Zu finanzieren.

Einer schneidet seinen Körper an
Wie einen Kuchen.
Ein andrer übermalt
Die Fluchtversuche
Mit Tattoos.

Einer schleift
Den Schatten
Einer Katze nach,
Ein anderer isst Vogelfutter,
Um den Wind zu zähmen.

Die Einsamkeit des einen
Hat sich nichts zu sagen.
Ein andrer liest sich
Mit verstellter Stimme
Selbstgespräche vor.

Einer dichtet,
Weil sich seine Sprache lockert,
Ein andrer tanzt,
Weil Stühle ihn nicht halten.

Zusammen gründen sie
Am Stammtisch
Der Entwurzelten
Familien
Unverwandter Blicke.

Immer wieder gibt man ihnen Urlaub
Von der Wartung
Ihrer Antriebslosigkeit,
Schreibt das Fernweh
Nach Gesundheit krank,
Beklebt Zusammenbrüche
Wie ein Kinderknie
Mit bunten Pflastern.

Immer wieder bricht
Ihr Leben aus
Wie eine Krankheit
Und wir fixieren
Das entfesselte Symptom.

Mein kleiner verlorener Kranich

Seit Tagen kreist du um den Kirchturm
Seit Tagen rufst du nach dem Schwarm.

Warum schreist du nicht?

Wie können deine Kreise
Regelmäßig sein?

Der Tod hat Würde nicht verdient.

Weide diesen selbstgerechten Himmel aus!
Dreh sein Inneres nach außen!
Schlachte seine Schäfchenwolken!
Überschütte uns
Mit Nacht!

Zieh dem All die Netzhaut ab
Und führe uns vor Augen,
Dass uns niemand zusieht!

Aber kreise du nur weiter,
Kleiner Kranich!

Lass mich für dich schreien!
Lass mich für dich weinen!

Ich will dein Zeuge sein.
Dann überleben wir einander
In der Schrift.

Obdachlosigkeit

Wie oft war ich an einem Bahnhof,
Wo Menschen in verdreckten Nischen kauern.

Niemand liebt sie.
Niemand deckt sie zu.
Nichts erwartet sie.
Nirgends ist ein warmer Ort.

Sie nehmen lieber Heroin als Hoffnung,
Aus Angst vor einer Überdosis.

Ihr Schlaf ist immer auf der Flucht.
Während ihre Augen träumen,
Klopft ihr Puls
Den Rhythmus der Umgebung ab,
Herzt das Stofftier
Ihres Suchtdrucks.

Vor dem Morgen richten sie sich auf,
Um sich für Kleingeld kleinzumachen.
Wieder einen Tag lang lästig sein,
Um sich selbst zur Last zu fallen.

Wir geben ihnen Methadon,
Um ihre Selbstzerstörung zu dosieren,
Escitalopram für ihre Traurigkeit,
Zopiclon für schwere Nächte
Und Tavor gegen Zopiclon.
Doch wir geben ihnen keine Perspektive.

Wir stellen sie
Auf Selbsterhaltung ein.
In ihren Nerven krampft
Der ungeschützte Glücksverkehr der Straße.

2. Teil | Größere Auswege

Obdachloses Sterben

In Gedenken an B.

Gestern hast du dich
Ein wenig tiefer in den Schlaf getrunken,
Als du es gewohnt bist.

Wo du gelebt hast,
Überlebt man sich,
Indem man ausschleicht.

Niemand hätte sagen können,
Ob der Wunsch, zu sterben,
Diesmal stärker war als sonst –
Nicht, dass jemand fragt.

Wo du gelebt hast,
Nässen Augen
Nicht aus Trauer.

Wo du gelebt hast,
Zündet man so vieles an,
Nur keine Kerzen.

Wer dich gestern kannte,
Musste dich vergessen,
Um an sich zu denken.

Wer dich heute kennt,
Hängt am Leben
Mit gebrochenem Genick.

Heute bist du etwas weniger erwacht,
Als du es gewohnt warst.

Der Ekel einer Nacht hat sich erbrochen.
Dein ganzes Leben
Ist daran erstickt.

Es war Karfreitag

In Gedenken an E. M.

Es war Karfreitag.
Ein Anruf,
Dass es bald zu Ende geht.
Worte wie »Organversagen«,
»Abschied« und
»Wir können nichts mehr tun.«
Zitate
Des Thesaurus-Eintrags *sterben*
Ohne Überschrift.

Wir waren nackt
Bis auf die Maske der Gefasstheit,

Gefasst,
Solange wir noch gingen.
Gefasst,
Solange wir noch handeln konnten:
Auto fahren, parken,
Fragen
Nach der Station,
Dem Zimmer,
Deiner Ärztin.

Dann konnten unsre Hände
Nur noch klopfen,
Eine Klinke fassen, drücken.

Die letzten Schritte
Gingen unsre Füße
Ohne uns.

Auf deinem Laken
Lag das Negativ des Frühlings.
Die losen Enden
Einer Fensterlandschaft
Atmeten im Wolkentakt.

Und in den Laken
Lag dein abgenagter Körper.
Überall pulsierte es.
Dein Kreislauf war im Raum verteilt,
Als hätte man für einen ersten Überblick
Dein Innenleben ausgebaut.

Alles schien bereit,
Um dich zu digitalisieren.

Wir sprachen nicht.
Deine Augen
Schrien
Nach Empfindungslosigkeit.
Ich konnte dich nur streicheln
Wie ein Tier,
Das eingeschläfert wird.

Heute sehe ich
Mir unser Foto an.
Ein Foto von zwei Toten.
Nur einer ging
Über seine Leiche.

Tod einer Nachbarin

Seit gestern
Bist du tot.
Heute arrangieren wir
Ein Leben ohne dich.

Flüchtig
Flackerten die Lippen,
Flüchtig
Rangen Augen mit den Tränen,
Flüchtig
Warfen sie sich Trost zu.
Flüchtig
Fühlte jeder
Sein Alleinsein
In der Zeit.

Doch wir nahmen Haltung an,
Ehe wir ans Fallen dachten.

Wie vereinbart
Schnäuzten wir dich weg.
Wie vereinbart
Räumten wir die Stimme
In den Kopf,
Wie vereinbart
Ließen wir die Körper
Taktvoll zucken.

Dann kehrten wir dich
In die Zimmerecke,
Schnitten uns
An Déjà-vus,
Fluchten
Und verteilten hastig deine Dinge,
Wie um Spuren zu verwischen.

Seit gestern bist du tot.
Heute sind wir reizempfindlich.
Morgen schließt sich unsre Welt.
Übermorgen fehlen unsren Träumen
Die Farben deiner Stimme.

Weitermachen

Eines Morgens hat es angefangen,
Eines Morgens hast du es gewusst,
Gewusst, dass etwas in dir müde ist.

Du hast versucht, es auszuschlafen.
Seitdem stehst du nicht mehr auf.

Seitdem lebst du aus Gewohnheit,
Seitdem schminkt dich der Bestatter *Alltag*
Jeden Tag mit Lebensfarbe.

Seitdem nährst du dich mechanisch
Vom Geburtsschwung.

Seitdem täuscht du innere Bewegung vor,
Indem du festgefahrene Gedanken
Um die eigne Achse kreisen lässt.
Und wenn du anhältst? Schwung
Ist alles, Schwung, Hauptsache Schwung.

Doch innerlich bleibst du schon lange liegen,
Innerlich schreist du nach Stillstand,

Quälst dich fasziniert mit Weitermachen,
Wie man sezierten Fröschen Stöße gibt
Und dieses Weiterzucken »Leben« nennt.

Du trennst Gefühle ab
Wie abgestorbenes Gewebe,
Um den Tag zu überleben.

Du teilst dich
Durch dich selbst,
Um wieder ganz zu sein.

Dissoziation

Ich höre mich regielos lauten
In Worten, die mir fremdgeschehen,
Und spüre die nur angedauten
Gedanken über Lippen gehen.

Ich fühle mich regielos denken
In Sprache, die mich nicht enthält,
Wie ein Reflex in Kniegelenken
In die Höhe schnellt.

Unberührbarkeit

Und wieder greife ich
Nach meiner Freiheit
Wie nach einem Strick.

Und wieder zähle ich
Die Schlüssel,
Hinter deren Türen
Nicht das Glück ist.

Und wieder stehe ich
Im Regen,
Spüre meine Haut
Wie ein Gefühlskostüm.

Auf einmal löst
Ein einfacher Vergleich
Die Gleichung
Meiner Widersprüche.

Ein Lächeln
Kontaktiert
Den Tunnelblick
Und korkt die Taubheit auf.

Der Badezimmerspiegel
Stößt mit meinen Tränen
Auf das Leben an.

Abzug

Ein warmer, tröstlicher Gedanke,
Zu wissen, dass die kühle, stumpfe Mündung,
Mit der man sich die Schläfe streichelt,
Mit Schlaf geladen ist.

Immer wieder auf den Abzug tippen,
Leicht, dann etwas stärker,
Bis er etwas nachgibt,
Sich der ganze Körper
Fallen fühlt.

Mit dem Herzschlag spielen,
Ihn auf Knopfdruck höherschlagen lassen,
Immer wieder trockensterben,
Bis man, um sich weiterhin zu fühlen,
Weitergehen muss.

An sein Leben denken,
Nicht persönlich werden.
Die Wünsche dürfen es nicht wissen;
Sonst würden sie sich weigern.

Sich mit Begräbnisszenen rühren;
Regen, Tränen, Reue:
Ein einziger Geständnispuff.
Wie gerne wäre man dabei.

Mit dem Zeigefinger,
Der einzige, auf den es ankommt,
Die Bewegung spielen,
Bis sie zum Reflex wird.

Dem Körper so oft drohen,
Bis er einem nicht mehr glaubt.

Die Fingerspitze
Steht
Wie Zenons Pfeil
Im Fallen.
Das Projektil
Des Augenblicks
Durchbohrt
Die Zeit.

An meinen Pessimismus

Du warst immer für mich da.
Du warst die erste Droge meines Lebens.
Körpereigener als Cannabis,
Mein Nocebo,
Um die Nebenwirkungen des Glücks
Zu portionieren.

Mein Vater hat mir Fahrradfahren,
Du hast mir das Fallen beigebracht,
Bis ich Gefallen daran fand
Und lieber hinfiel, als zu gehen,
Nur wieder aufstand,
Weil ein Aufschlag ein Kontakt ist.
Und schließlich liegen blieb;
Mit dem immer frischen
Und vertrauten Blutgeschmack im Mund.

Mein Vater hat mir Schwimmen,
Du hast mir das Wasserschlucken beigebracht;
Beigebracht, mit Würde zu ertrinken,
Die Erhabenheit des Tiefpunkts.

Du gabst mir Platzpatronen
Zur Erschießung meiner Träume.
Du hast mich nie
Der scharfen Munition des Lebens ausgesetzt.

Wenn ich mit Erfolgen ankam,
Hast du mich nicht angesehen.
Nur wenn ich Tränen mit nach Hause brachte,
War dein Trost bedingungslos.

Und immer reichst du mir ein Taschentuch,
Ich möchte aber lachen.
Und immer bist du sanft,
Ich möchte aber bluten.

Solang es hell ist,
Gehe ich mit Wirklichkeiten fremd.
Nur wenn es Nacht wird,
Möchte ich in deinen Armen schlafen.

Denn das Leben hält mich nicht.

Es ist so weit

Ich bin erwachsen.
Das heißt: ich rauche Stundenblumen
Bis zur Atemnot.

Ich holze meinen Garten ab,
Um einen Wald zu pflanzen,
Der mich überlebt.

Und während ich die Hypothek der Träume
Abbezahle, sammeln sich
Die Schulden meines Körpers an.

Ich nehme, wie man sagt,
Mein Leben in die Hand,
Bis es zum Hammer wird,
Um meine Leere
Festzunageln.

Ich überspringe meinen Schatten
Aus Angst vor Wiederholung,
Lerne lebenslänglich,
Um für Augenblicke frei zu sein.

Und hinter jedem Damm,
An dem sich die Gewalt
Der Wünsche staut,
Erwarte ich, das Meer zu sehen.

Wenn man nicht leben müsste,
Würde ich am Strand der Kindheit
Stehen bleiben,
Knöcheltief im Handeln,
Bis zum Hals im Wind.

Denn ich vermisse das Gefühl der Fülle,
Mit dem Lauf der Möglichkeit
Im Nacken
Nichts zu sein;

Mich im toten Winkel
Aller Perspektiven
Vorzuspiegeln.

3. Teil | Kleinere Auswege

Draußen regnet es

Draußen regnet es.

Die Welt ist abgeschnitten.
Zum Ersticken
Hyperventiliere ich
Mich selbst.

Auf Uhren wird es Mittag.

Schatten sind nicht scharf genug,
Um sich den Puls zu öffnen.
Wolken bringen
Träumen nicht das Fliegen bei.

Ich warte auf den Abend
Wie auf eine blaue Pille,
Die mir den Wahn der Zukunft
Wiedergibt.

Gott stirbt aus,
Solang es regnet.

Regenüberströmte Straßen

Regenüberströmte Straßen
Bluten
Wie aus schwarzen Wunden.
Salven gehen
Über sie hinweg,
Gleiten
Wellenweise aus.
Tropfen platzen
Wie Granaten,
Schwirren
Wie Insektenschwärme,
Bersten
Stumm und ruckhaft
Wie Geschirr
Im Daumenkino,

Standbildartig
An der Schwelle
Der Zerstreuung angehalten,

Fallen in erzählter Zeit.

Tropfen am Fenster

Zellige Splitter
Kullern
In zaghaften Schnellen
Am unwegsamen Glasabhang.

Meiosiges Verschmelzen und Verästeln
Im Selbstbefruchtungstanz des Seins.

Entkernte Tränen
Verströmter Miniaturweltspiegel.
Sich verfehlend,
Abgestoßen in sich aufgenommen,

Sich passierend.
Aneinander wachsend und verloren,
Die Spur der andern nicht mehr abzustreifen.
Im Durst des anderen ertrunken.

Tropfen am Fenster.
Einwegspiegel
Einer Fensterregentraurigkeit.

Regen

Im Puls der Bilder,
Lautlos ratternd
Über unwegsames Blickgelände,
Während man der Partitur des Regens
Im Entstehen lauscht.

Vorbei an frierenden Feldern,
An ungestreichelten Landschaften,
An einem streunenden Feldweg,
Der uns halb scheu,
Halb zutraulich folgt.
Und in der Ferne
Schwimmen Scherenschnitte
In dampfendem Blau.

Vorbei an schwarzen Spiegeln
Der verkehrten Stadtwelt,
Und die Sehnsucht, einzutauchen
Wie in einen Märchensee.

Alles wird zum Spiegel.
Selbst die Pflanzen sind aus Glas.
Und der blinde Regen spielt auf Pfützen
Wie auf Saiteninstrumenten
Melodien für die Augen.

Am Fluss

Wenn dir der Kuss der Wirklichkeit
Den Atem nimmt,
Die Luft
Nach Zeitschmerz und September schmeckt,
Dann setz dich an den Fluss!

Dort öffnen Enten deine Spiegelung
Wie einen Reißverschluss,
Als wollten sie dich vom Kostüm
Der Sichtbarkeit befreien.

Strömung lindert
Deinen Stillstand,
Streichelt deinen Blick
Mit Wiederholung jung
Und gibt Gedanken
Ausgang.

Auf der Milchhaut
Eines Strudels
Krampft die Sonne
Wie ein müdes Herz.

Wellen
Blinzeln in den Blättern
Wie aus tausend Augen.

Erinnerung verdichtet sich
Zu einem Vorgeschmack von Meer.
September mündet
In den Kuss der Zeit.

Meerwärts

Die Gegend wird landabwärts seichter.
Mein Fernweh ist in allen Dingen.
Ich werde weit und immer leichter,
Ich will die letzten Hügel überspringen.

Es riecht vorweg nach Salz und Tang.
Der Himmel ist pazifikblau.
Der Wind malt einen Felsenhang
Erinnerungsgenau.

Der Horizont wird aufgeschoben
Dahinter schält der Himmel sich ins Meer.
Die Wirklichkeit ist darin aufgehoben
Und ich bin menschenleer.

Hypnagoges Meerestosen

Ich lausche am Besinnungssaum,

Im uferlosen, bloßen Raum

Dem Meerestosen.

Wünsche werden Wellen,

Steigen, gipfeln und zerschellen,

Zerflattern in Bewusstseinsschaum,

Im Nahtod zwischen Zeit und Traum.

Flocken

Die Tropfen und Geräusche
Werden weicher,
Als spielte man den Regen mit Pedal.
Die ersten Flocken fädeln sich
An seinen Schnüren
Ab.

Und man verrechnet sich
In der Zerbrechlichkeit
Der Rhythmen,
Bis man nur noch sieht und träumt.

Ihr Fall ist voller Augenblicke,
Als lösten sich die Nähte
In der Zeit;

Als würden sie
Auf halbem Weg
Den Fallschirm
Öffnen.

Sie fallen
Ohne Schmerz und Ankunft,
Wie von Traum zu Traum,

Tanzen
Auf der Bühne
Einer schwerelosen Nacht.

Abendsonne

Wie ein Beutel Früchtetee
Trübt die Abendsonne
Die verklärte Flüssigkeit
Der Atmosphäre.

Sommerabend

In den Fenstern
Wird es Abend.

Flüsse
Lüften ihre Oberfläche.

Spiegelungen
Schärfen sich zu Körpern,
Ragen
In den leeren Raum.

Jeder Grashalm
Strähnt das Licht
Mit der Zärtlichkeit
Des ersten Mals.

In den letzten warmen Lachen
Wirbeln Mücken auf.

Ich balanciere
In der Schwebe
Dieses unberührten Winds.

Mit Sommer in der Haut
Und Himmel in den Augen.

Herbstabend

Haltestelleninselträume
Weichen im Oktoberregen durch.

Bäume lassen unablässig Federn
Wie kranke Papageien.
Dämmerung schmiegt sich
Wie ein Chamäleon
Der bunten Blutarmut der Blätter an.

Mir ist so körperlich zumute.
Das Leben hat mich ausgesetzt
Am Straßenrand der Welt.

Ich friere vor Alleinsein,
Wind und Gegenwart.

Herbsttableau

Regen
Schließt sich
Wie ein Fenster,
Streift
Am Teppich des Verrauschens
Seinen Klang ab.

Die Atmosphäre
Lauscht wie eine Muschel
Ihrem eigenen Gehör.

Himmel
Bildet blaue Pfützen.
Wolken putzen
Ihr Gefieder,
Schütteln sich
Und fliegen fort.

Das Metronom
Der Traufen
Stolpert über seinen Takt.

Tröpfelnd
Taut die Stadt auf.

Wie ein Lächeln
Überströmen Licht und Schatten
Das Gesicht
Der Farben.

Farben,
Die der Herbst
In Blättern
Wie in Mischpaletten anrührt.

Blätter drehen Pirouetten
Auf dem dünnen Eis
Der Unbeschwertheit.

Luft ist voller Laub,
Als saugte man den Sommer ab.

Die Stadt verwaldet.

Alles
Hat Verfall im Haar.

Sie haben aufgehört,
Die Landschaft aufzuräumen.

Und der Himmel
Ist noch einmal
Juliblau.

Notlandung der Kastanien

In außerirdischen Gehäusen landen
Kastanien in Septemberstürmen not,
Die Fremden haben eines bald verstanden:
Hier gibt es keine Schönheit ohne Tod.

Zerstreute Eindrücke eines Herbsttags

Wolken
Haben Tiefgang
Namens Nebel.

Unsichtbare Spinnennetze
Prickeln auf der Haut
Wie Flaum
Vor einem Kuss.

Ein Bettler
Stellt Bewegungsmelder
Für den Husten auf.

Mein Selbstbild
Stolpert
Über seinen Becher.

Ein Junge tobt
In einem Blätterhaufen
Wie in einem Bällebad.

Beim Anblick eines Hundes
Buckelt eine Katze,
Als zöge sich die Sehne
Ihrer Kraft zurück.

Frischverliebte Bäume
Paaren ihre Farben
Durcheinander.

Pfützenperspektiven
Folgen Schritten
Wie der Blick der Mona Lisa.

Ein Mann
Kommt nicht an einem anderen vorbei.
Sie parieren sich
Wie Spiegelbilder,
Bis ein Lächeln sie erlöst.

Ein großes Mädchen
Krümpelt das Gesicht
Zu einem Schrei zusammen.
Ihr Bruder wird gerade
Mehr geliebt.

Ein kleines Mädchen
Unterrichtet ihre Mutter
Staunen über Tauben.

Linden klemmen
Knöllchen unter Scheibenwischer,
Als gelte
Seit Oktober Parkverbot.

Passanten meiden
Blickkontakt,
Als hätte niemand
Die Lektion gelernt.

Ein Blindenstockquartett
Skandiert
Den taktilen Takt
Des Kopfsteinpflasters.

Von Häuserwänden
Blättern Jahre
Wie verweinte Schminke.

Blätter liegen
Wie verrenkte Krustentiere
An der Küste
Dieses Nachmittags.

Gesichter tragen Ernst
Wie Trauerkleidung
Für ihr Lächeln.

Gegenwarten
Gehen ohne Gruß vorüber.

Ein Mann aus dieser Stadt
Besteht seit gestern
Aus Vergangenheit.

Man hat ihn abgehängt,
Als wäre Halloween vorbei.

Im Zug

Ich wechsle Landschaftsbilder
Wie Gefühlskostüme.
In jedem ist es anders,
Auf der Welt zu sein.

Jeder Bahnhof
Bündelt die Verlorenheit
Der Gleis- und Lebensstränge
Im Refrain der Reise.

Vor mir sitzt ein Paar,
Glänzend vor Verliebtheit.
Sie füttert ihn mit Blicken.
Er wächst an ihrer Zärtlichkeit.
Sie sprechen mit dem ganzen Körper,
Ihre Atemzüge laufen
Aneinander heiß.

Ich liebe nur die Landschaft,
Ihre gläserne Erinnerung
An Gegenwart,
Den tröstenden Zerfall am Gleisrand,
Der verspricht,
Dass es nicht wehtut,
Überlebt zu werden.

Wandern im Gebirge

Durch einen Birkenwald,
Wo flügges Laub
Aus allen Wolken fällt,

Auf halbem Weg
Zum Münzwurf wird,
Als fragte sich der Zufall,
Ob es regnet.

Vorbei an einem See,
Der am Ufer aufspritzt,
Als stünde er
In Trommelfeuer.

Immer weiter
In das Bild hinein,
Das wie ein Schatten
Immer einen Schritt voraus ist.

Vorüber an skizzierten Menschen,
An Gesprächen,
Vorgezeichnet wie das Felsmassiv,
Das niemand ausmalt,
Barista-Ranken
In den Waldschaum schlägt.

Der Weg wird unwegsamer.
Man stolpert
Über Kiesel und Gedanken,
Bis das Bewusstsein trittfest wird.

Die Landschaft bringt
Den Blick zum Träumen
Und den Traum zu Fall.

Schritt für Schritt
Entziffert sich
Das Relief des Weges
Wie ein Text in Blindenschrift.

Und du erreichst
Die Ansichtskartengrenze.

Auf Augenhöhe mit der Welt
Schlägt Wind und Raum
Bis auf die Knochen
Auf dich ein.

Und du verstehst,
Dass Leben heißt,
Nach einem Kampf
Im Wind zu stehen
Und sterben können.

Nahtod

Beim Aufstieg
Sind wir nahezu unsterblich.

Die Welt
Ist wie aus blauem Glas.

Wolken balancieren
Auf der Schwerkraft.

Berge spiegeln sich
In Wasserfarben.

Wind liegt in der Luft.

Plötzlich reißt der Abgrund
Große Stücke aus dem Weg.
Der Ausblick zieht dem Körper
Das Vertrauen
Unter seinen Füßen weg.

Für die Dauer eines Schwindels
Streckt das Kind der Angst
Die Flügel aus
Und möchte in den Himmel fallen
Wie in uferlose Arme,
Während Wind sich unterhakt,
Als wollte er dich stützen,
Mit Fäusten auf dich einschlägt,
Um dich wachzurütteln.

Beim Abstieg spricht man nicht.

Jeder trauert
Seinem Nahtod hinterher;

Leckt die Wunden
Der Unsterblichkeit.

Die Welt aus blauem Glas
Hat Risse.

Rückkehr nach einer Reise

Das Haus war eingefroren. Doch wir tauen
Es Stück für Stück mit Körperwärme auf.
Es dämmert in uns, wie im Morgengrauen,
Das zum Vergessen abgelegte Selbst herauf.

Nur unsere Blumen altern von allein,
Im Abbild, das für uns gealtert ist,
Kalenderblätterhaft liegt überall
Die welke Zeit, das welke Intervall,
Zeitraffend stellen sich die Uhren ein,
Denn heute endet unsere Gnadenfrist.

Das Spenderherz der Neugier schlägt sich aus
Und wieder pendelt sich Gewohnheit ein.
Der Vorsatz, nicht mehr dieses Ich zu sein,
Ist nicht mehr lang zu Gast in diesem Haus.

Dekorationswechsel

Gestern hat es noch einmal geschneit.
Ein Winter für die Augen
Aus Käthe-Wohlfahrt-Requisiten:
Winterwetter-Pantomime
Vor wattiertem Fachwerk.
Heute hat man alles abgeräumt
Und in Kartons verstaut.

Gestern hat es noch einmal geschneit.
Heute sind die Stifte aller Sträucher angespitzt
Und jeder Kirschbaum
Zieht wie Zauberer auf Kinderfesten
Blütentücher aus den Ärmeln.
Heute zeigen sich
Die ersten Halme
Regenfrischen Grüns.

Gestern hat es noch einmal geschneit.
Heute hat man
Alle Farben stoßgelüftet.
Schatten werden
An die Wand gerückt,
Wie um Raum
Zum Tanz zu schaffen.

Gestern hat es noch einmal geschneit,
Heute stimmt man
Im Orchestergraben der Natur
Die ersten Vogelinstrumente.

Amseln sitzen wieder an der Quelle
Aller Dämmerungen,
Reinigen mit ihrem Ruf die Abendluft
Und lassen uns am Vorgeruch
Von Sommernächten nippen.

Gestern hat es noch einmal geschneit.
Heute holt man Kisten
Voller Hoffnung aus dem Keller,
Zieht uns buntere Gefühlskostüme an.
Morgen holen wir
Die schweren Sommerkisten.

Und wir fühlen uns
Solange reibungslos,
Bis wir im Keller
Unsres dekorierten Daseins
Über unser Sterben stolpern.

Hoffnung

Der Himmel ist klar
Wie seit Wochen nicht,
Seine Strömung
Spült die letzten Wolken ab.

Vorgeruch
Liegt in der Luft.
Flugzeugspuren in sattem Blau
Schwärmen vom Sommer.

Sonnenstrahlen spielen
Mit der Zeitschaltuhr
Der Körperwelten,
Schalten Vogelstimmen an und aus,
Geben allen Pflanzen
Das Signal zum Duften,
Tönen knopfdruckweise
Die gesamte Atmosphäre um.

Auch für Hoffnung
Gibt es Schalter und Sensoren.
Was uns nahegeht,
Ist ferngesteuert.

Sonntagmorgen

Für Tobias

Sonntagmorgen.
Vogelstimmen
Fädeln sich
Aus dem Geräuschgewebe.

Wie die ganze Stadt zur Kirche wird,
Zur Allee aus Glockenläuten.
Alles tritt betreten auf,
Weil jeder Fehltritt
Wie auf einer Bühne steht.
Stimmen wispern,
Haben Angst, sich zu erheben.
Und über allem predigen Naturgeräusche
Das Evangelium des Lauschens.

Ampeln spielen mit sich selber *Stadtverkehr*
Wie ausgesetzte Hunde,
Die vom Stöckchenwerfen träumen.

Lagerhallen,
Geometrische Skelette,
Von denen man die Haut
Des Alltags abgezogen hat;
Einsam vor Erinnerung
An seinen Puls,
Der schwellenhaft wie Farbenhören
In den Schläfen der Fassaden pocht.

Durchwachte und Verschlafene
Klinken sich die Tür der Möglichkeiten in die Hand.
Jeder fühlt auf seine Art,
Wie klein das Leben
Nach verrauschten Träumen ist.

Und über allem
Pendelt sich ein Pfeil von Kranichen
Wie eine Kompassnadel
Auf den Sommer ein.

Morgenhoch

Wie ein Handabdruck
Im Wind
Der letzte Ruß
Der Nacht.

Wolken,
Weicher als Konturen,
Strähnen
Wie verwehter Sand.

Himmel schält sich
Blau für Blau.

Vor Müdigkeit und Morgensonne
Brennt der Blick.

Es ist noch kühl.
Nur Farben
Sind schon wach.
Ich tauche mein Gesicht
In ihr Versprechen,

Streife durch das Tigerfell
Aus Licht und Schatten,

Laufe
Neben meinem Körper her,

Oberhalb der Hüfte
In Gedanken,
Angetrunken
Vor Ernüchterung.

Morgentief

Aufgewacht in einem Körper,
Der in allen Winkeln knarzt.
Aufgetaucht aus dem Gedächtnismüll
Der letzten Wochen,
Wünschen ohne Pfand.

Existieren schmeckt
Nach den Verdauungssäften
Unverdauter Traumarbeit.

Ich bin mein eigner Bodensatz,
Als hätte ich mich ausgetrunken,
Ohne umzurühren.

Aus allen Ecken kommen Aasgedanken,
Weiden meine Seele zärtlich aus.
Ich lindere mit Selbsthass wie mit Pflasterküssen
Die stille Blutung meiner Existenz.

Ich stehe auf.
Der Alltag rastet ein.
Ich füge mich der Wirklichkeitsmaschine,
Funktioniere mich gesund.

Tage ohne Gespräche

Tage wie Gedichte ohne Reim:
Jede Tat
Bleibt unvollständig.
Ich bewege mich,
Um nicht zu zögern.

Ein Tanzen auf der Stelle,
Rhythmisch wie ein Krampfanfall.

Stunden sind auf einer Ebene verstreut,
Die nur aus Raum besteht.

Der Text in mir hat Lücken.
Wirklichkeit wird unverdaulich.
Als fielen mir die Zähne aus,
Mit denen ich
Die Bilder portioniere.

Ich fürchte mich
Vor dem Fühlen untersprache,
Vor dem Bekenntnis
Ohne Lippen.

Führerschein für einen freien Tag

Kupple die Reflexe aus!
Leg den ersten Gang
Des Morgens ein
Und lass ihn langsam kommen!
Spiele mit dem Schleifpunkt
Deines Antriebs,
Bis die Zehenspitzen zittern.

Trinke keinen Kaffee,
Wenn du müde wirst.
Dein Tempo
Ist die Richtgeschwindigkeit.

Leg die Füße hoch!
Tritt Gas und Bremse
An die Bodenwellen
Deiner Neugier ab.

Lass deine Hände los
Und schmieg dich in den Wind;

Er bringt dich
Wohlbehalten querfeldein.

Gewohnheit

Im Trockner der Gewohnheit gehen
Die Orte, die nicht saßen, ein.
Und eh wir uns versehen,
Ist unser Leben uns zu klein.

4. Teil | Spielgrenzen

Beim Anblick eines gerodeten Waldes

Man sieht den Wald vor lauter Stümpfen nicht.

Eine Gattung schreit nicht, wenn sie ausstirbt.
Nur in der Stille hört man ihr Verschwinden.
Aussichtslosigkeit mimt Einsicht.
Am Verlustschmerz misst man Werte.

Fällt mit einem Urteil euer Wachstum!
Zählt an Jahresringen eure Zahl zugrunde!
Sprengt eine Bresche
In den Kahlschlag eurer Städte!

Sonst überholt die Axt den Frühling,
Welt wächst nicht mehr nach,
Der Mensch erhängt sich an der Nahrungskette.

Motte

Meine Hand hält über einer Motte an,
Bereit, das Ding aus ihr zu machen,
Das ich in ihr sehe.

Flügel aus vermorschtem Holz,
Ihr Leib für seine Kleinheit seltsam fellig.
Ein Gesicht,
Nicht abgesetzt genug, um ein Gesicht zu sein.
Tot, bis auf die langen Fühler,
Die sich ihre Welt erstreicheln.

Ich lasse diesen Fiebertraum des Lebens weiterflackern,
Bis er sich in die falsche Sonne,
Die ihn krank gemacht hat,
Wirft und ausbrennt.

Spieluhr

Man sagt uns nebenbei
– Denn alles sagt man heute nebenbei –,
Dass wir eine Weltsekunde,
Den Bruchteil eines Zeigerzuckens
Vor dem Stillstand aller Uhren stehen.

Die Spieluhr der Gewohnheit
Dreht sich einfach weiter.
Und das Kind in uns,
Das glauben möchte,
Glaubt an die gewählten Eltern.
Solange sie noch lächeln,
Schlafen wir mit einem Lächeln ein.

Doch eines Morgens
Kreist das Sonne-Mond-und-Sterne-Mobile
In einem großen, dunklen Zimmer
Für immer
Für sich selbst.

Wissenschaftswelt

Sie ist die Welt
Des Querschnitts.
Was nicht tausend denken, gibt es nicht.

Wir selbst sind Würfelwürfe
Anonymer Augenzahlen.
Überwirft man uns,
Sind wir normalverteilt.

Wir haben ein Gehirn
Und deshalb sind wir nicht
Im Universum
Aus Gehirnen
Ohne Ich.

Wo alle Farben grau sind,
Jenseits kortikaler Träume,
Zirkulieren körperlose Wellen
Durch das Linienland
Der Objektivität.

Vertikalisierte Katzen

Man hat mir beigebracht,
Nicht hinzusehen,
Wenn draußen Schnee fällt,
Das zu lieben,
Was mit meinem Fortschritt schritthält,
Das zu träumen,
Was sich zu Ende bringen lässt.

So wurde ich erwachsen:
Einer unter Farbenblinden,
Profiliert bis zum Gesichtsverlust.

Ein Kind,
Das man mit buntem Spielzeug
Gegen Farben impft.

Eine vertikalisierte Katze,
In Trichtern
Ohne Horizont geformt.

Die Abgehängten

Man hat uns beigebracht,
Dass nur wer auffällt, existiert,
Dass ein verlorenes Gesicht zu haben,
Besser ist als gar keins.

Man hat uns beigebracht,
Mit Spiegelschrift zu unterschreiben,
Bis der Blick des andern überspringt.

Man hat uns beigebracht,
Im Auge des abstrakten Sturms zu leben.
Wir genießen noch den wolkenlosen Himmel,
Sichern uns die letzten Plätze
Auf dem Wrack der Einwegewigkeit.

Man hat uns beigebracht,
Dass ein Journalist mit Blut schreibt,
Seinem oder fremdem.
Vor lauter Schwarz auf Weiß
Können wir nur Bilder lesen.

Man hat uns beigebracht,
Dass nur verbrannte Wissenschaftler
Uns ein Licht anzünden;
Dass verkannt zu werden,
Erkenntnis garantiert.

Man hat uns eine stumpfe Sprache beigebracht,
In der man schreien muss, um überhaupt zu sprechen.
Doch unsre Worte wurden über Nacht zu Waffen.
Unfreiwillig sprachen wir mit scharfer Munition,
Bis wir schließlich sprechen, um zu schießen:

Lieber maßlos sein
Als mittelmäßig,
Lieber Spucke sein
Als Tränen.
Lieber Einschussloch
Als Ausschuss.
Lieber Artensterben
Als Unsterblichkeitsverzicht.

Zukunftsvision

Morgen werde ich ein alter Mann sein,
Der in der Blockzeit
Eines immer gleichen Tages
Eingemauert ist.

Mein Wecker ist die Prostata.
Kälte zieht mich an.
Ich betaste meine Sollbruchstellen,
Um die Schmerzen zu dosieren.
Meinen Kaffee
Trinke ich mit Milch und Insulin.
Der Mittag geht
So spurlos an der Gegenwart vorüber,
Dass selbst das Wedeln
Meines Hundes Staub ansetzt.
Und abends tobt der Sturm der Eingeweide
Sich in einem Bierglas aus.

Ich werde tagelang nicht sprechen,
Bis ich ein Kopfbahnhof
Für obdachlose Stimmen bin.

Und wenn mein alter Hund
Aus allen Nähten platzt,
Hänge ich mein Leben
An den Haken,

Als würde ich ein letztes Mal
Die Schuhe binden.

Freund des Wirklichen

Es war einmal das zwanzigste Jahrhundert,
Das, wenn es nicht gestorben ist,
Uns die Moral von der Geschichte lehrt.

Seitdem wäscht man jeden Wahn
In Fakten.

Seitdem lehrt man uns,
Die Dosis macht den Krieg,
Solange nur ein Richtiger
Auf einen Falschen schießt.

Man lehrt uns, alles sei politisch.
Bis zur Selbsthypnose
Wiederholen wir
Den Wortschatz der Kritik,
Spielen Memory mit Gegensätzen.

Geschichte unterrichtet man
Wie Beipackzettel,
Als ginge es um Nebenwirkungen
Des Denkens.

Doch niemand bringt uns bei,
Dass Sprache die Gewalt entwirklicht,
Menschen wie ein Argument entkräftet;
Sprache ohne Blickkontakt
Für ein barrierefreies Töten.

Und deshalb schreibe ich Gedichte,
Richte die verschossenen Ideen
Mit den Augen eines Einzelnen.

Ich platziere Menschenreste
Wie Servietten
Am Verhandlungstisch.

Bastler

Während in der Welt
Mit ernstem Spielzeug
Scharf geschossen wird,
Basteln Dichter
Stumm und unermüdlich
Am Modell
Der Unbestimmtheit
Wie an einer Waffe,
Die mit Rückstoß schießt.
Je länger
Man sie in der Hand hält,
Umso weniger versteht man
Den Impuls zu töten.

Therapiestudien

Zur Behandlung Kriegsbegeisterter
Schlagen Neuropsychologen
Eine neue Therapie vor:
Dabei müssen die Erkrankten
Einem definierten Gegner
In die Augen schauen,
Während diesem ein Verbündeter
Für die richtigen Ideen
Sagittal den Schädel spaltet.

Kontrollierte Studien
Fanden größere Effekte,
Wenn man die Behandelten
Am Blinzeln hindert
Und die Augen des Erschossenen
Trotz Hirnverlust
Erhalten bleiben.

Am größten waren die Effekte,
Wenn Erkrankte selber schossen
Und die Hände
Eine Stunde lang nicht waschen durften.

Von der Möglichkeit,
Auf die Erkrankten selbst zu schießen,
Riet die Ethikkommission,
Trotz Wirksamkeitshinweisen, ab.

Der Arbeitsmarkt oder die Reise nach Jerusalem

Du hast die Zukunft
Niemals in die Hand genommen,
Um ihre Unberührbarkeit
Nicht zu verformen.

Die Zukunft kam
Und brachte Perspektiven
Für die Augen.
Um den Puls
Der Wünsche hochzutreiben,
Riebst du dich
An einer Welt
Entschärfter Kanten.

Die Zukunft ging vorüber.
Ausblicklos
Verwirkst du
Die Verwirklichung
Im Korridor
Aus tausend klinkenlosen Türen
Mit der Aufschrift »Glück auf eigene Gefahr!«

Hinter allen Türen
Spielt man *Reise nach Jerusalem*
Im Takt
Der Eingesessenen
Mit einem Stuhl.

Dein Leben landet immer
Auf dem Stoß der zweiten Plätze.
Am Ende trennt dich
Nur der Abgrund einer Haaresbreite
Vom Erfolg.

Heute sehnst du dich
Nach jenem Korridor
Mit tausend klinkenlosen Türen.

Heute wirst du
In der Zwischenhölle heimisch.

Schlachte eucharistisch deine Träume!
Beschmier mit ihrer Unschuld
Jedes Haus!

Mach aus dem Zu-spät-gekommen-Sein
Dein Lebenswerk!

5. Teil | Resümee

Nirgendwo

Nirgendwo können wir bleiben;
Selbst nicht im Nirgendwo.
Nirgendhin wird es uns treiben,
Nirgendher ohne Wieso.

Nirgendwie kann man sich gründen,
Ohne ein Irgendwofür.
Nirgendwann, wenn wir verstünden,
Schließt die entschlüsselte Tür.

Nachbemerkung

…und deshalb ist das Reale die einzige Sache auf der Welt, an die man sich nicht so richtig gewöhnen kann.

Clément Rosset

Quellen

Kafka, Franz. *Briefe 1900–1912*. Kommentierte Ausgabe. Frankfurt am Main: S. Fischer, 1999.
Rosset, Clément. *Das Reale in seiner Einzigartigkeit*. Aus dem Französischen von Ronald Voullié. Berlin: Merve Verlag, 2000.

Inhalt

Schreiben 11

1. Teil | Obdachlose Spiele 15
Die Gaben leerer Hände 17
Spiegel 19
Sieh mich einmal an! 20
Seit ich fühle … 21
Zu klein geboren 23
Das Leben ein Traum 24
Sich verlieben 26
Trennung 27
Kippfigur 29
Sich selbst gehören 31
Freunde 33
Straßen 35
Nachts im Bahnhofsviertel 36
Ein Mann aus unserer Straße 38
Heroin 40
Schizophrenie 41
Mein kleiner verlorener Kranich 43
Obdachlosigkeit 44

2. Teil | Größere Auswege 47
Obdachloses Sterben 49
Es war Karfreitag 51
Tod einer Nachbarin 53
Weitermachen 55
Dissoziation 57
Unberührbarkeit 58
Abzug 59
An meinen Pessimismus 61
Es ist so weit 63

3. Teil | Kleinere Auswege   65
Draußen regnet es   67
Regenüberströmte Straßen   68
Tropfen am Fenster   69
Regen   70
Am Fluss   71
Meerwärts   72
Hypnagoges Meerestosen   73
Flocken   74
Abendsonne   75
Sommerabend   76
Herbstabend   77
Herbsttableau   78
Notlandung der Kastanien   80
Zerstreute Eindrücke eines Herbsttags   81
Im Zug   84
Wandern im Gebirge   85
Nahtod   87
Rückkehr nach einer Reise   89
Dekorationswechsel   90
Hoffnung   92
Sonntagmorgen   93
Morgenhoch   95
Morgentief   96
Tage ohne Gespräche   97
Führerschein für einen freien Tag   98
Gewohnheit   99

4. Teil | Spielgrenzen   101
Beim Anblick eines gerodeten Waldes   103
Motte   104
Spieluhr   105
Wissenschaftswelt   106
Vertikalisierte Katzen   107

Die Abgehängten 108
Zukunftsvision 110
Freund des Wirklichen 111
Bastler 113
Therapiestudien 114
Der Arbeitsmarkt oder die Reise nach Jerusalem 115

5. Teil | Resümee 117
Nirgendwo 119

Nachbemerkung 121

Quellen 122

Alphabetisches Verzeichnis der Gedichttitel

Abendsonne   75
Abzug   59
Am Fluss   71
An meinen Pessimismus   61
Bastler   113
Beim Anblick eines gerodeten Waldes   103
Das Leben ein Traum   24
Dekorationswechsel   90
Der Arbeitsmarkt oder die Reise nach Jerusalem   115
Die Abgehängten   108
Die Gaben leerer Hände   17
Dissoziation   57
Draußen regnet es   67
Ein Mann aus unserer Straße   38
Es ist so weit   63
Es war Karfreitag   51
Flocken   74
Freund des Wirklichen   111
Freunde   33
Führerschein für einen freien Tag   98
Gewohnheit   99
Herbstabend   77
Herbsttableau   78
Heroin   40
Hoffnung   92
Hypnagoges Meerestosen   73
Im Zug   84
Kippfigur   29
Meerwärts   72
Mein kleiner verlorener Kranich   43

Morgenhoch 95
Morgentief 96
Motte 104
Nachbemerkung 121
Nachts im Bahnhofsviertel 36
Nahtod 87
Nirgendwo 119
Notlandung der Kastanien 80
Obdachloses Sterben 49
Obdachlosigkeit 44
Quellen 122
Regen 70
Regenüberströmte Straßen 68
Rückkehr nach einer Reise 89
Schizophrenie 41
Schreiben 11
Seit ich fühle … 21
Sich selbst gehören 31
Sich verlieben 26
Sieh mich einmal an! 20
Sommerabend 76
Sonntagmorgen 93
Spiegel 19
Spieluhr 105
Straßen 35
Tage ohne Gespräche 97
Therapiestudien 114
Tod einer Nachbarin 53
Trennung 27
Tropfen am Fenster 69
Unberührbarkeit 58
Vertikalisierte Katzen 107
Wandern im Gebirge 85

Weitermachen 55
Wissenschaftswelt 106
Zerstreute Eindrücke eines Herbsttags 81
Zu klein geboren 23
Zukunftsvision 110

Gravity

1   Franz Hodjak: Ewig ist das Vorläufige. Gedichte

2   Kornelia Koepsell: Menschen und ihre Zeit | People in their time. Gedichte | Poems

3   Lukas Hörnig: Lichtungen im Niemandsland. Gedichte